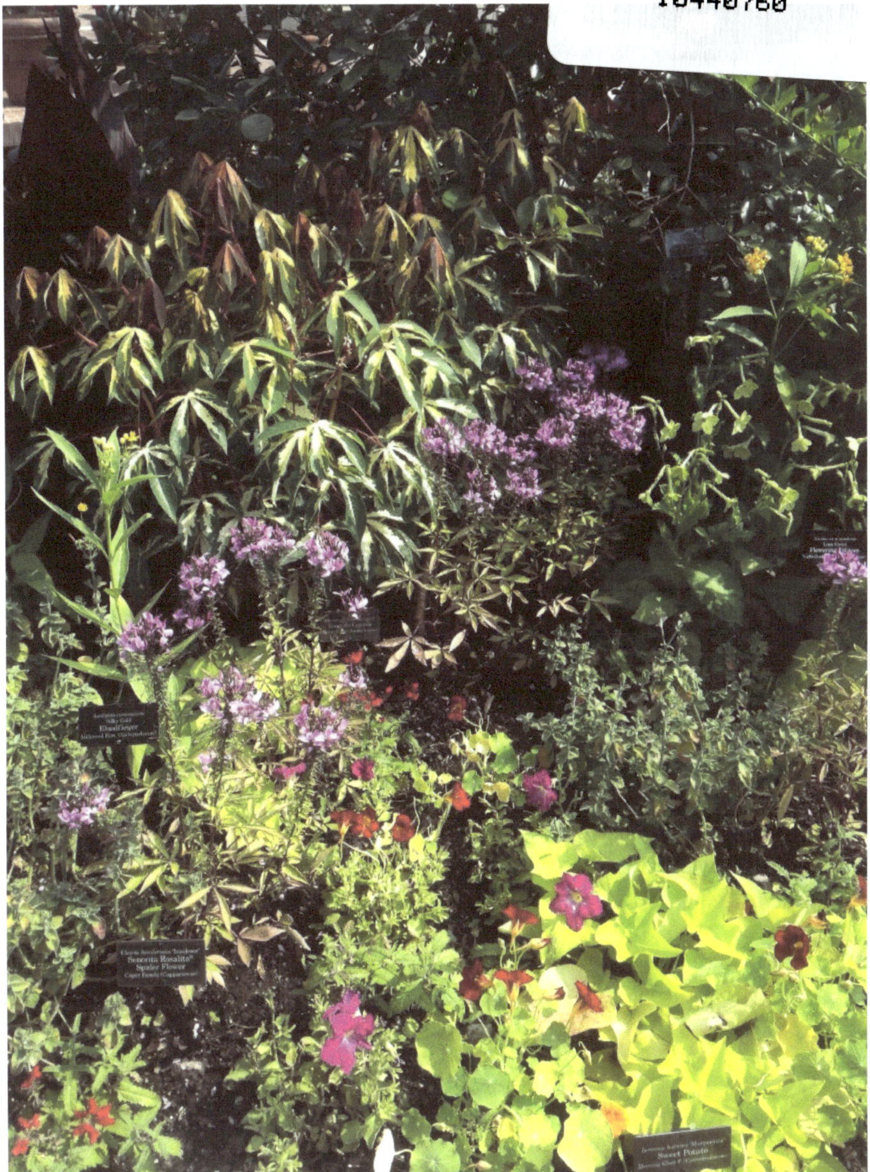
Senorita Rosalita®
Spider Flower
Sweet Potato

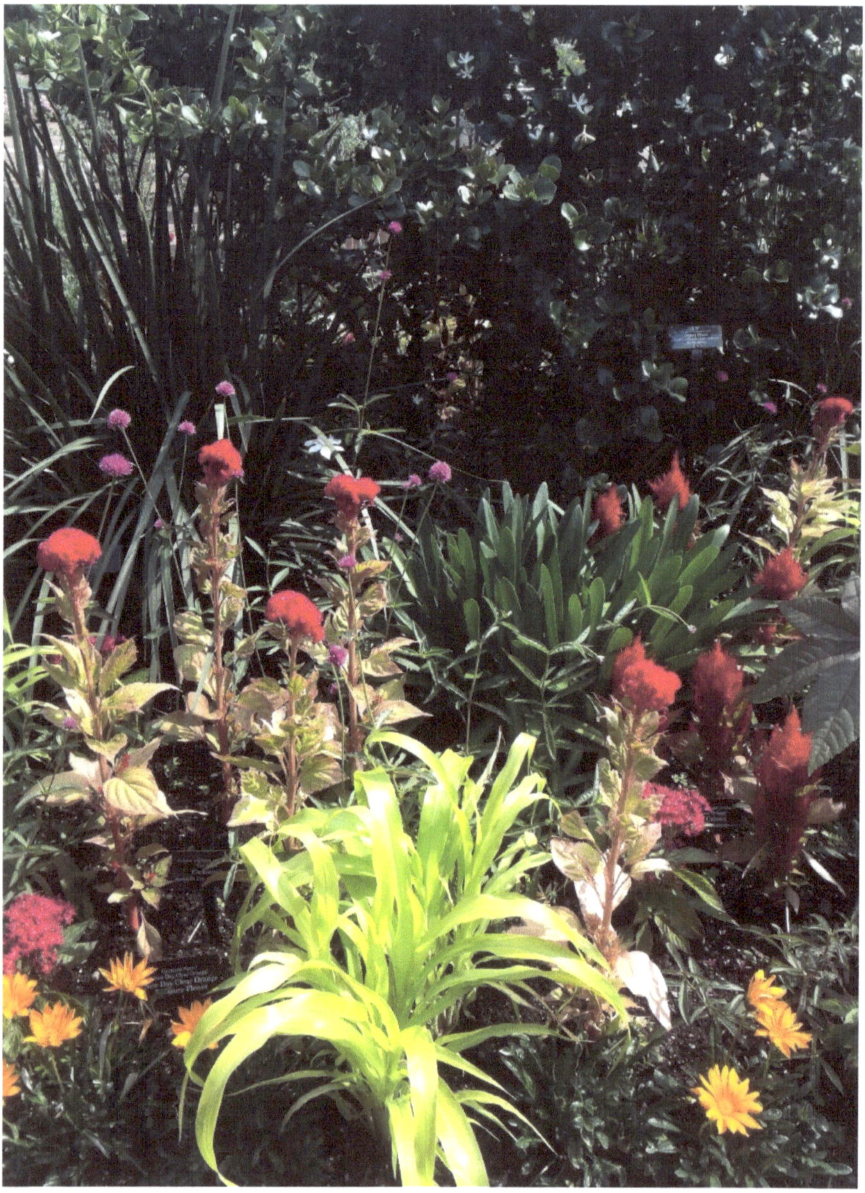

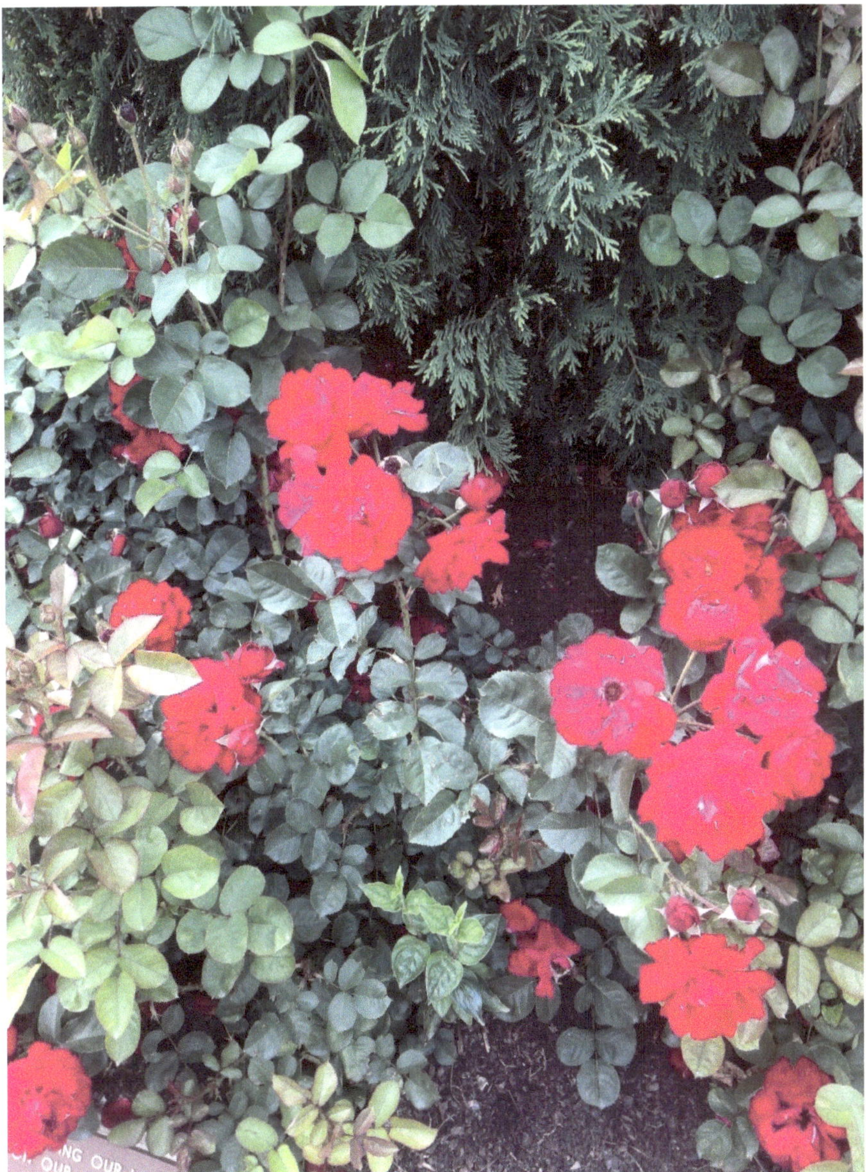

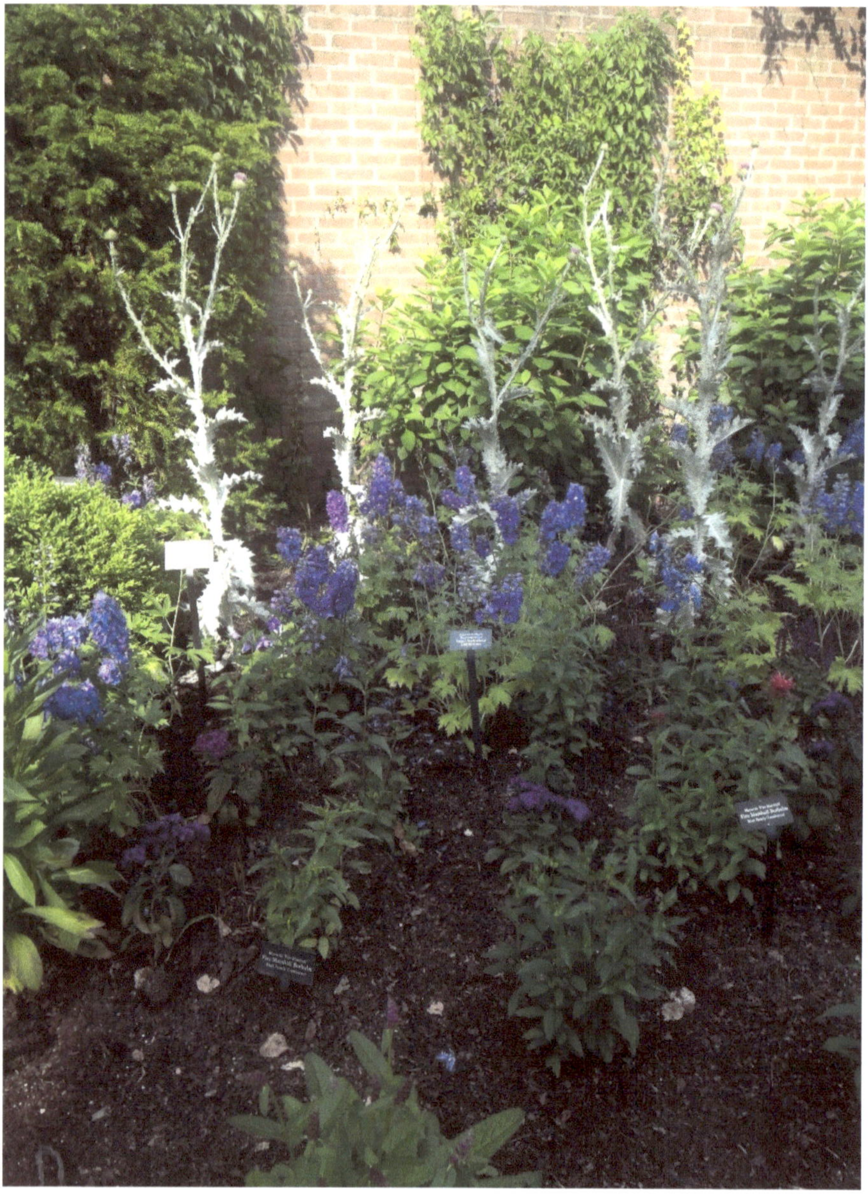

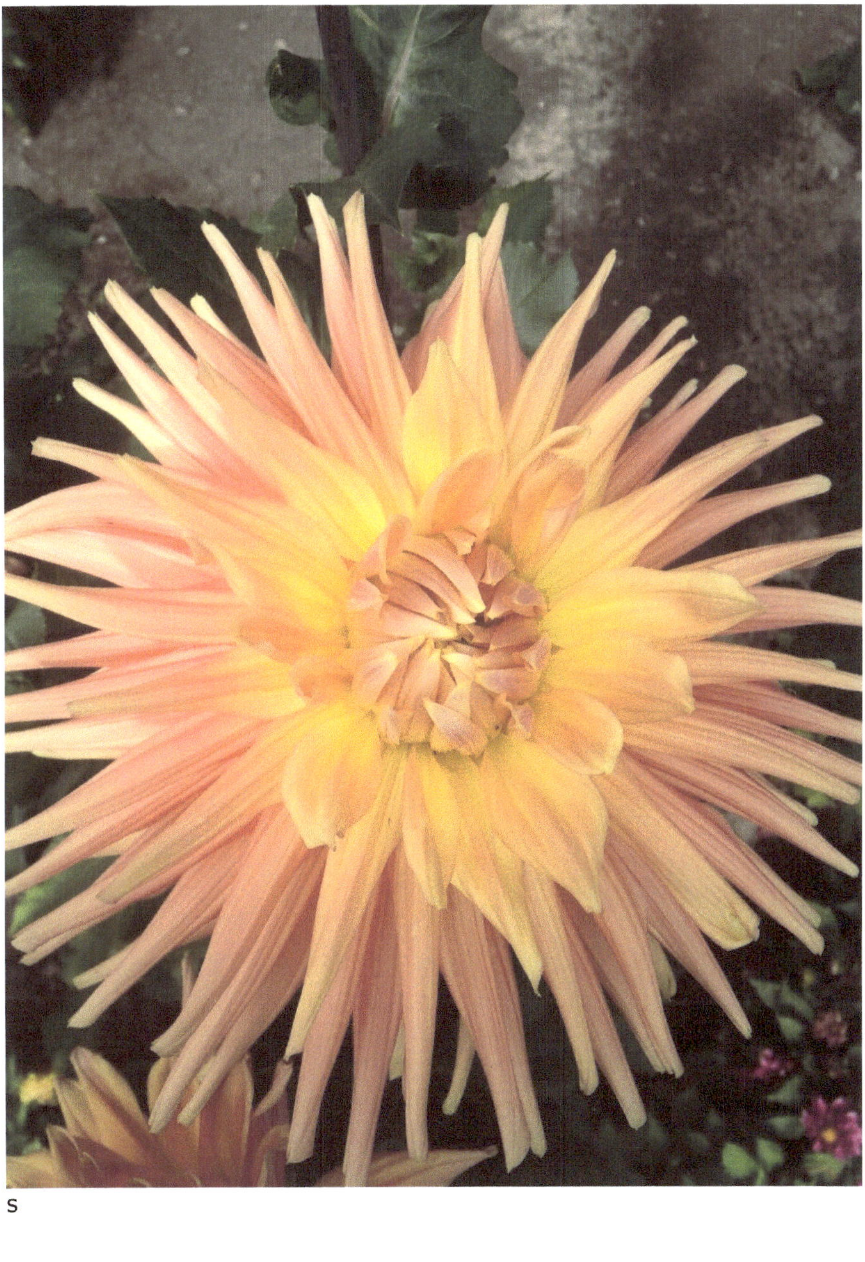

S

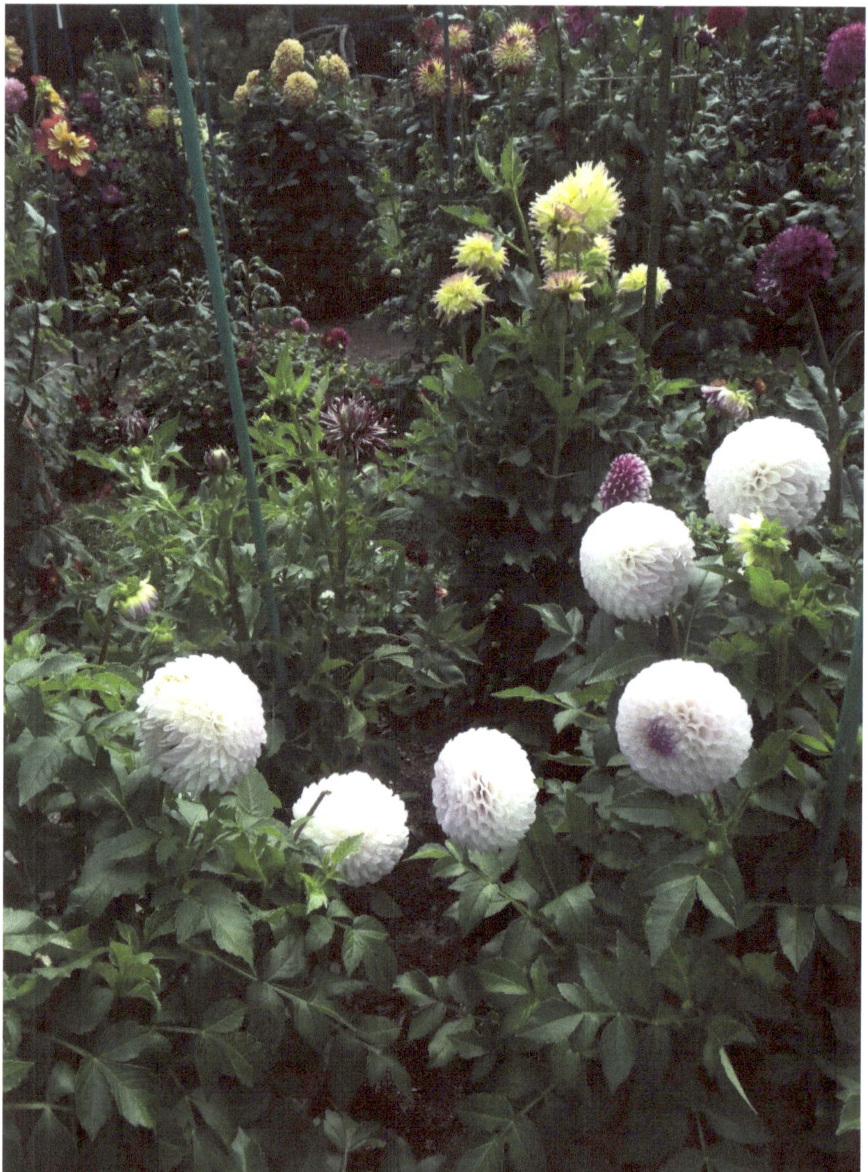

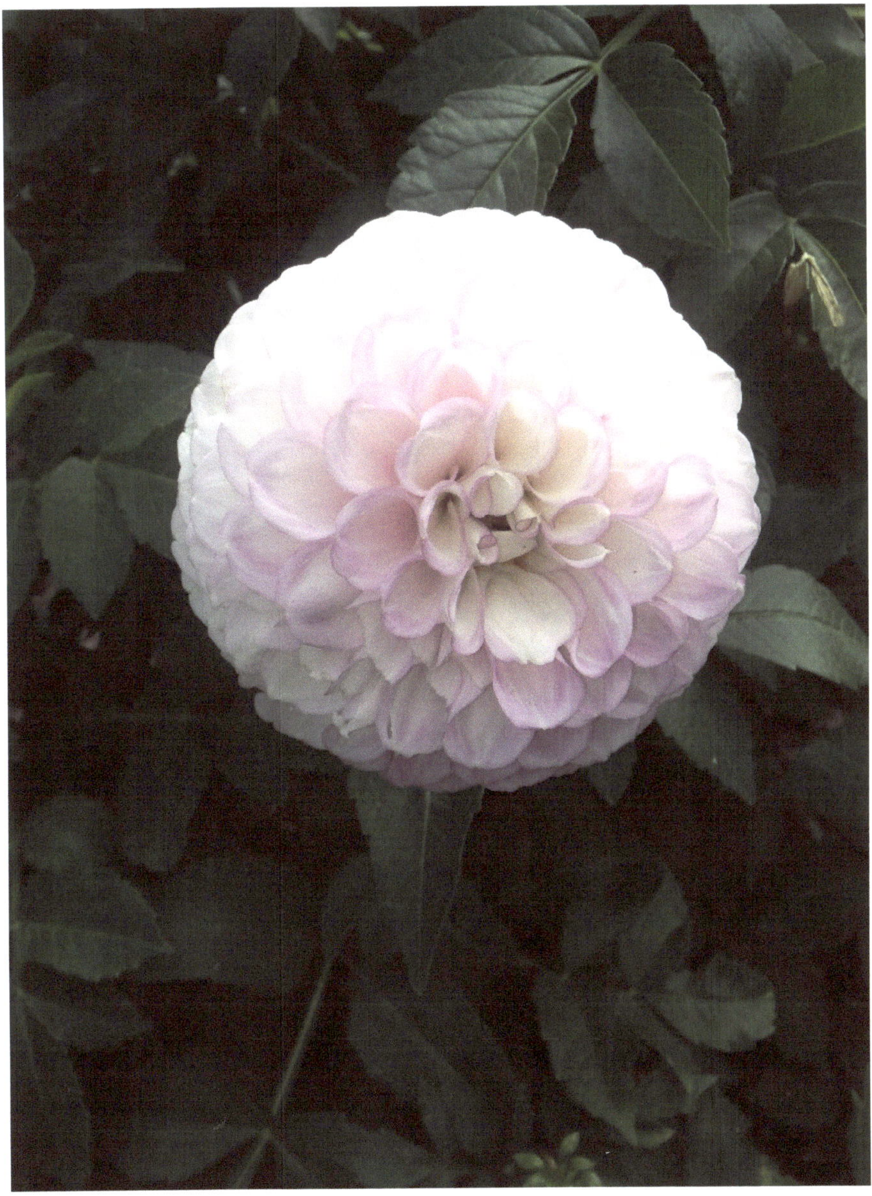

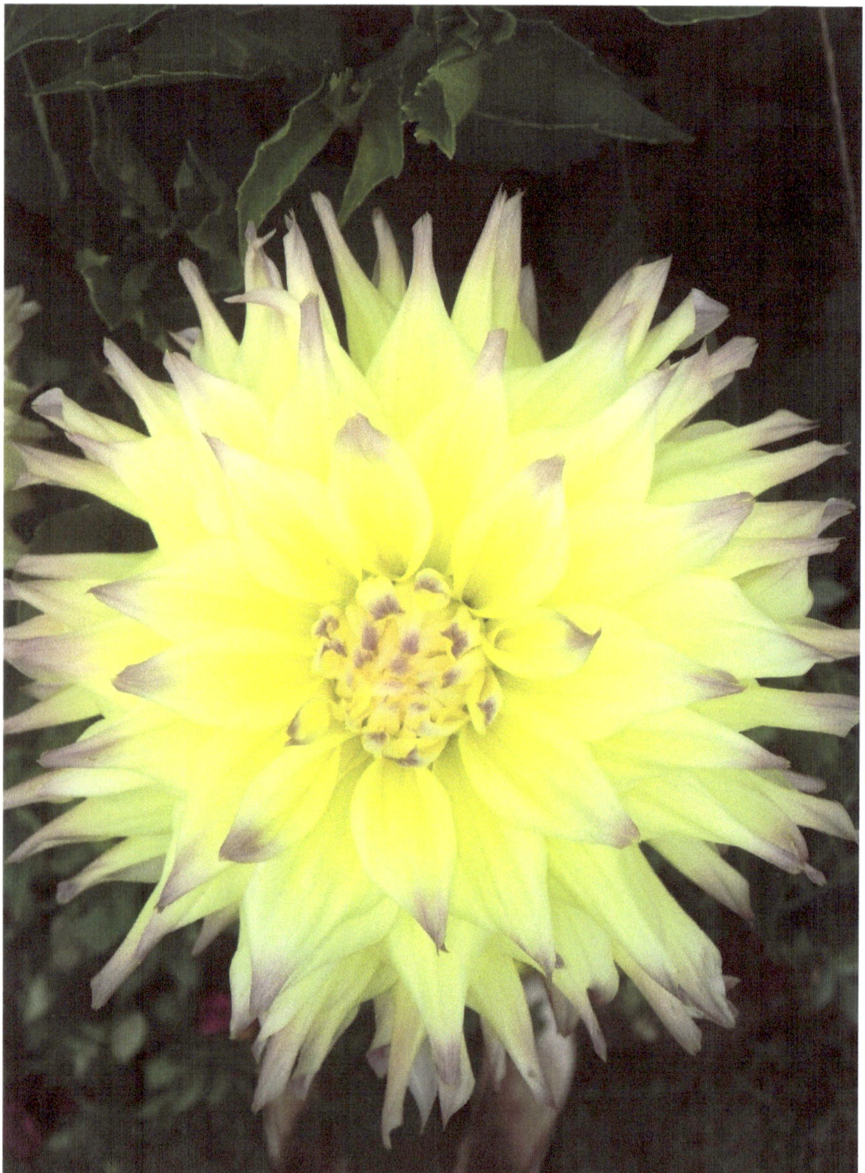

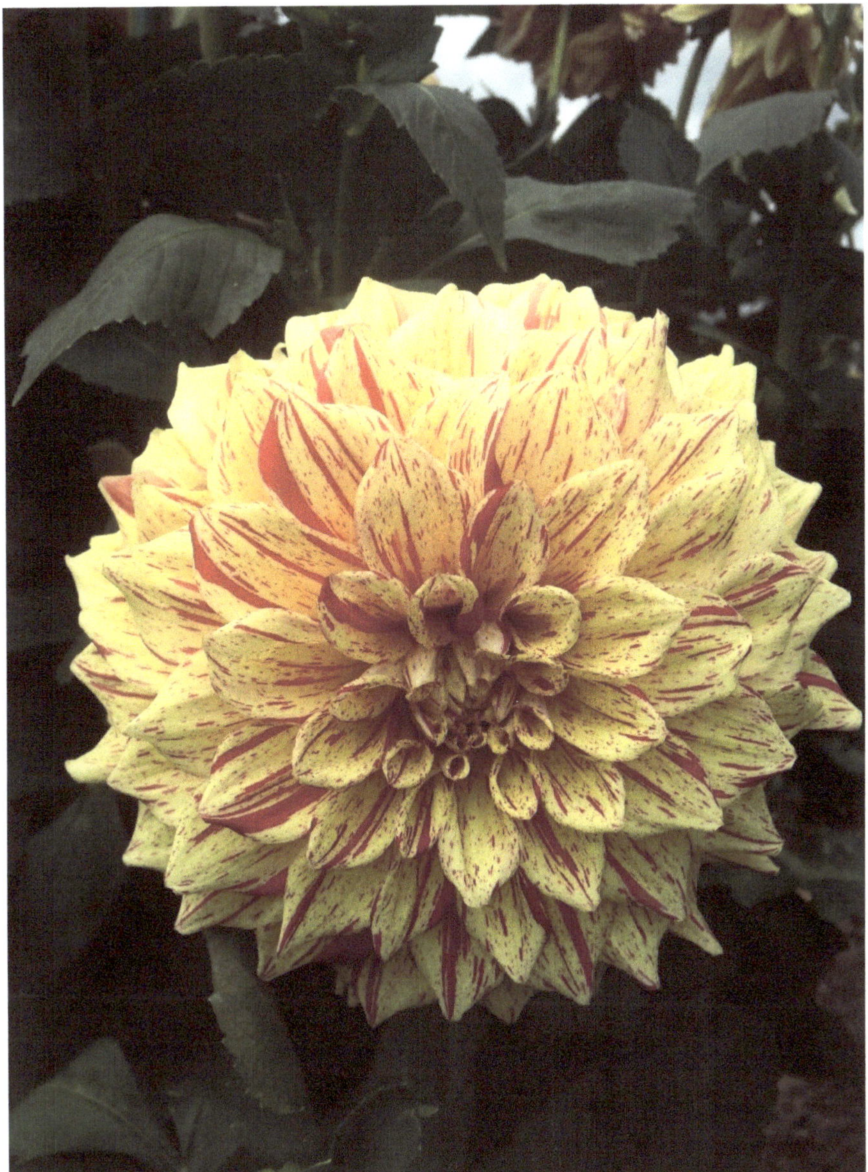

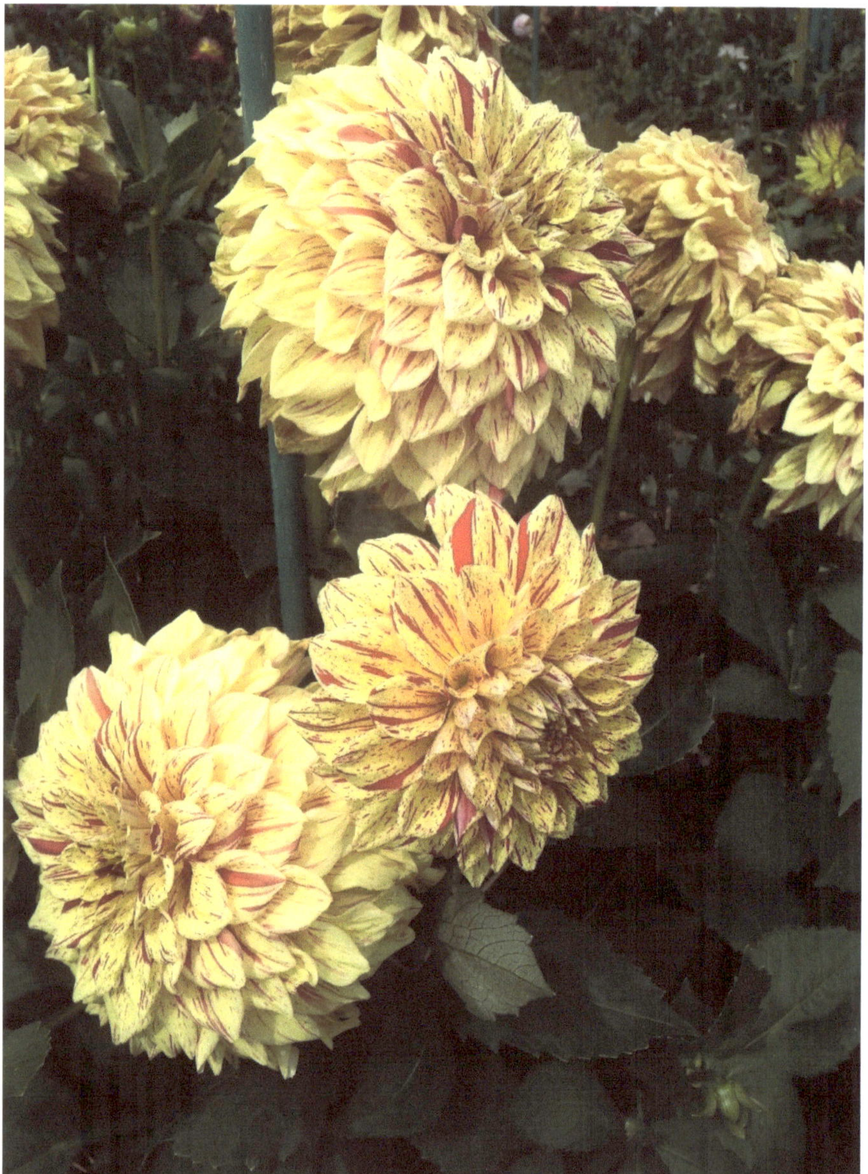

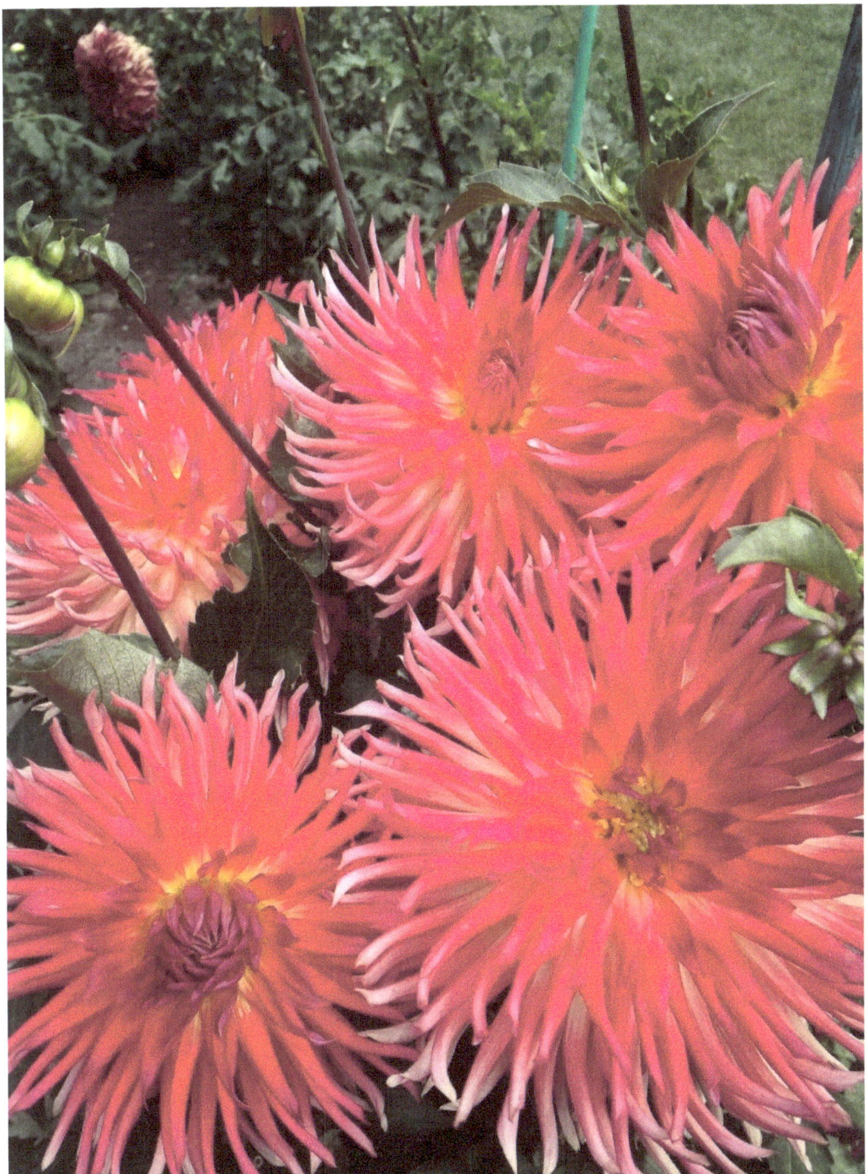

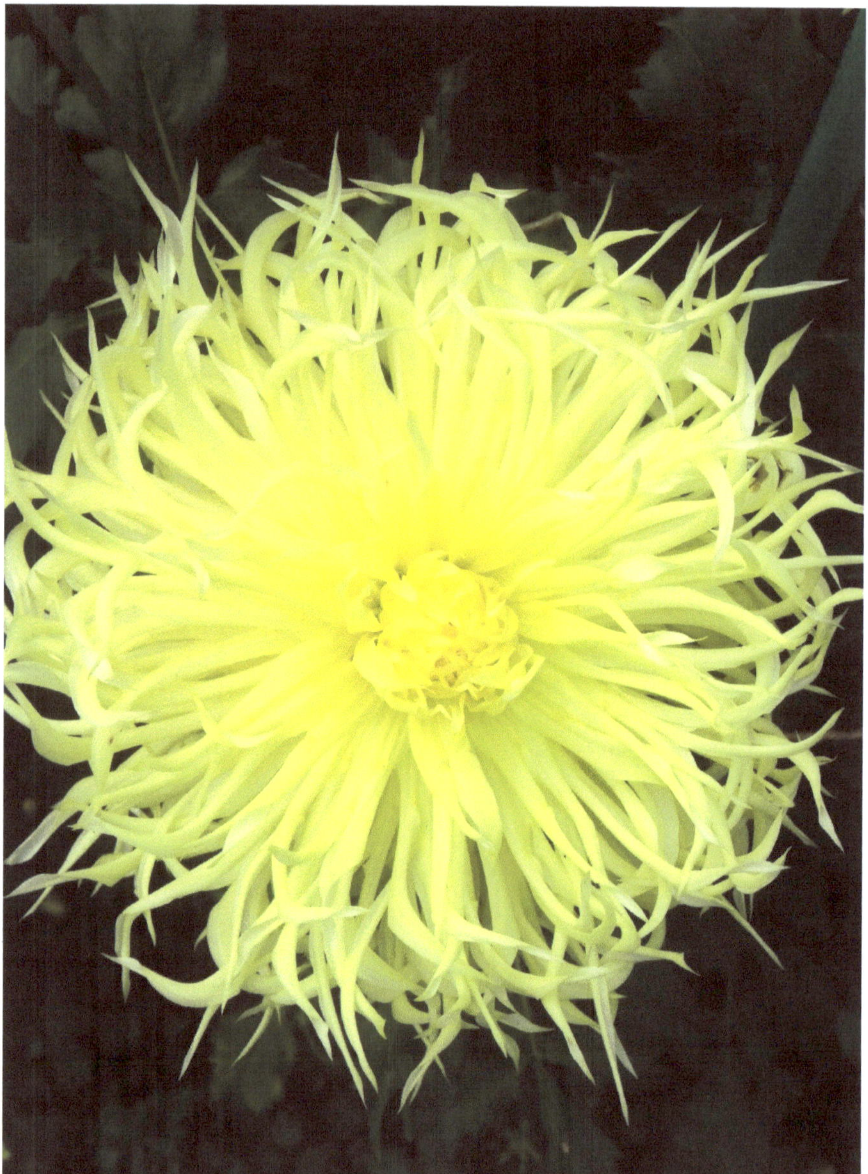

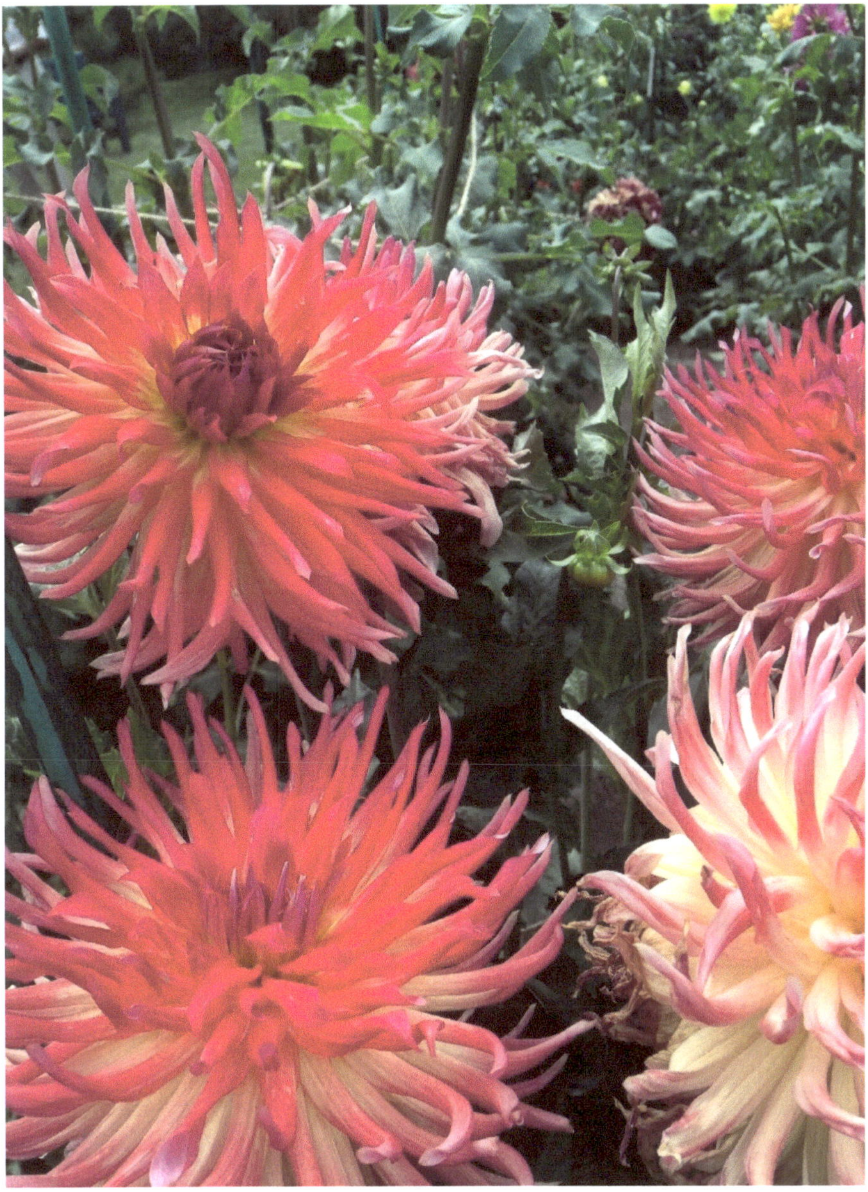

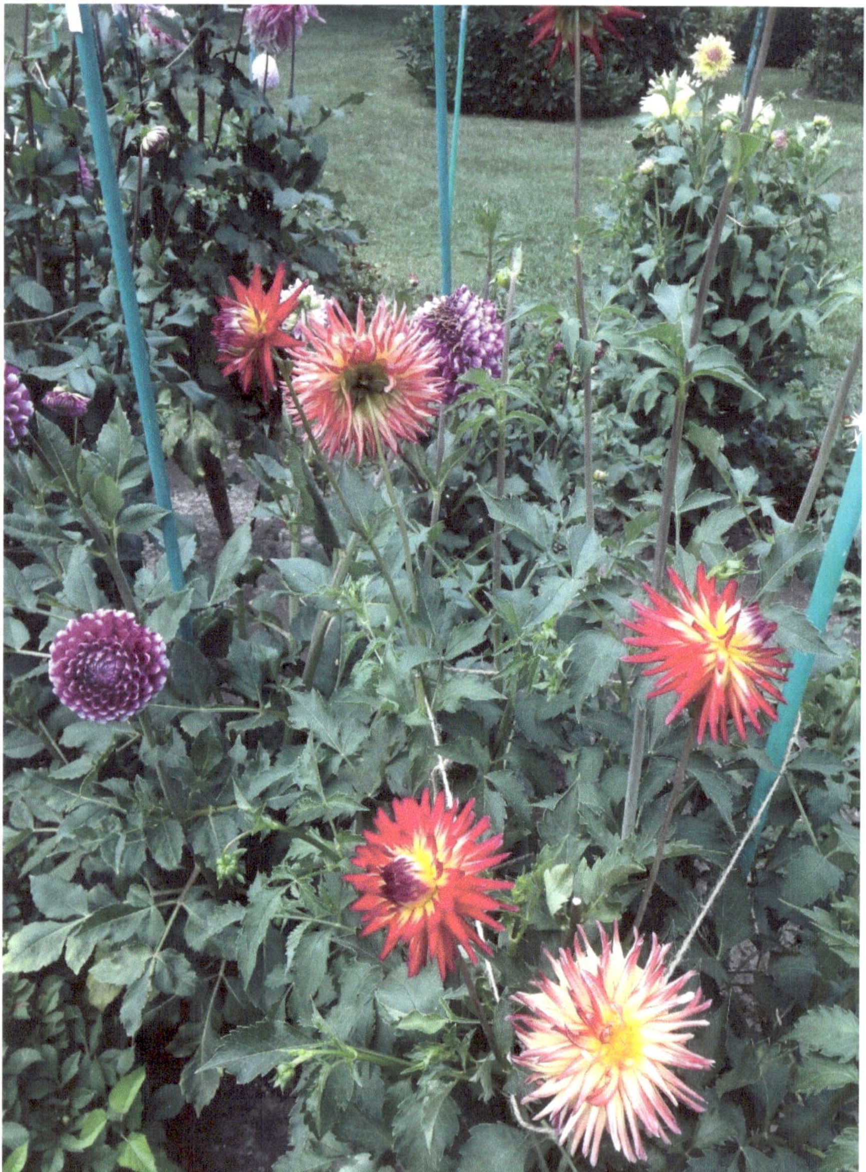

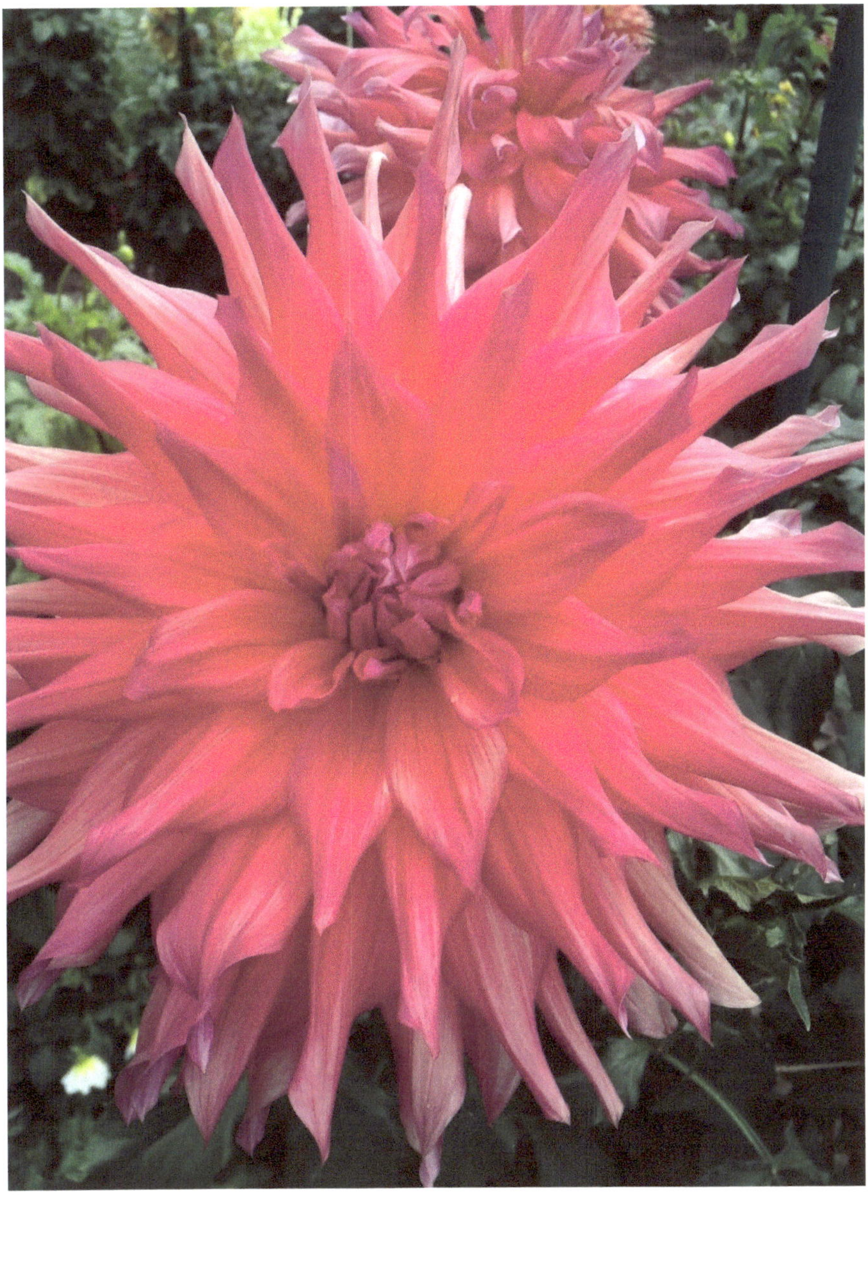

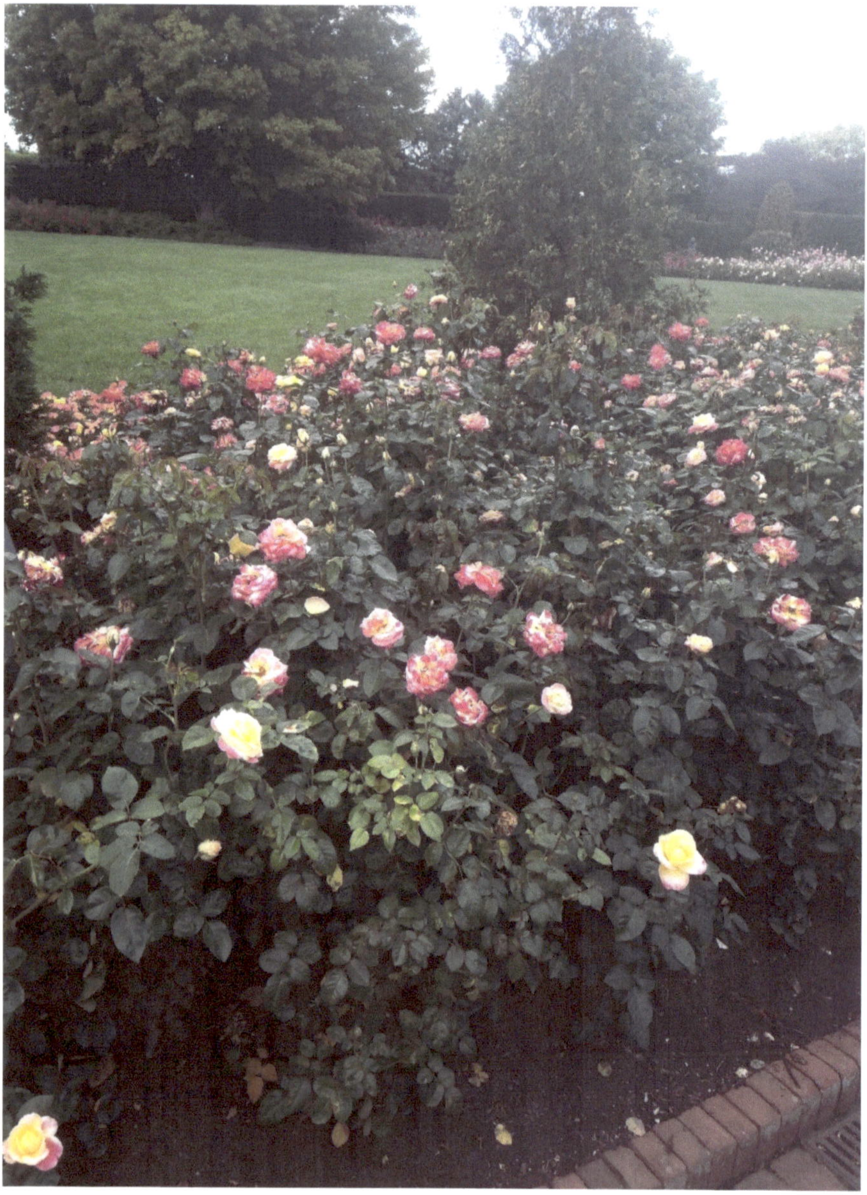

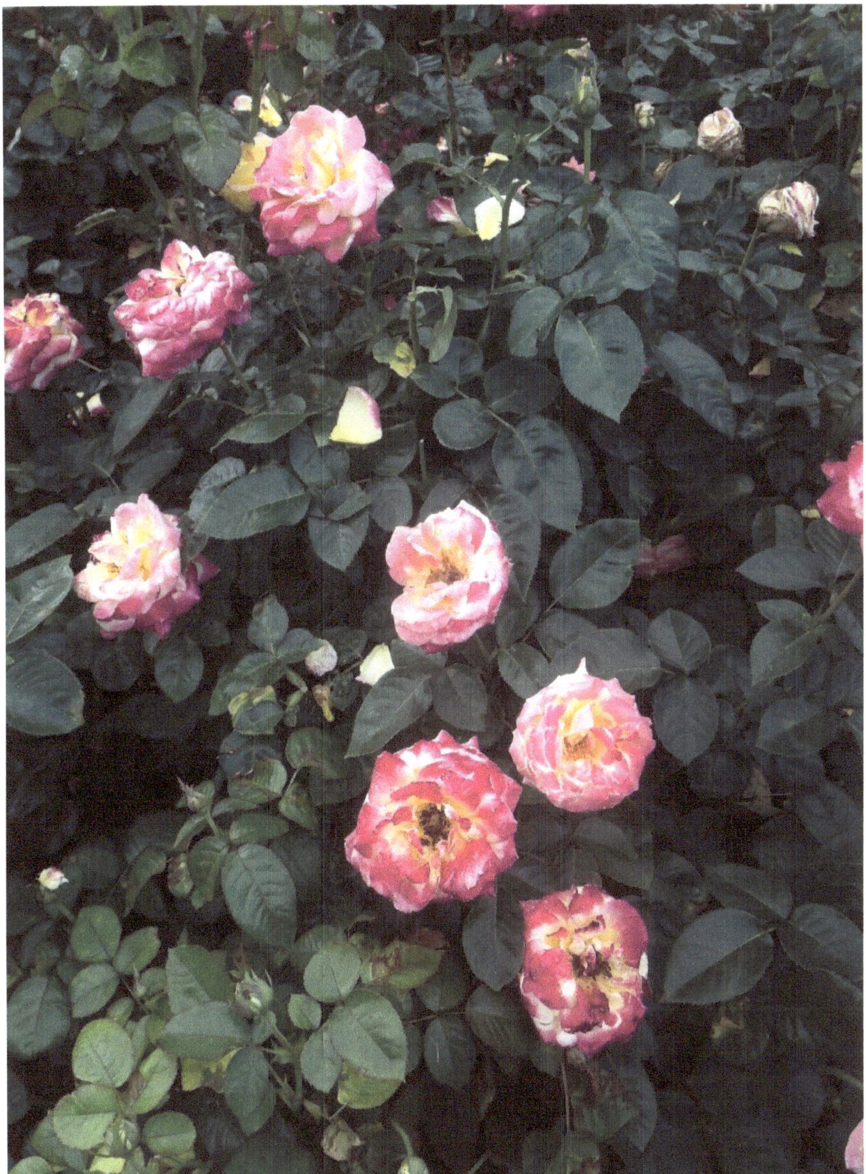

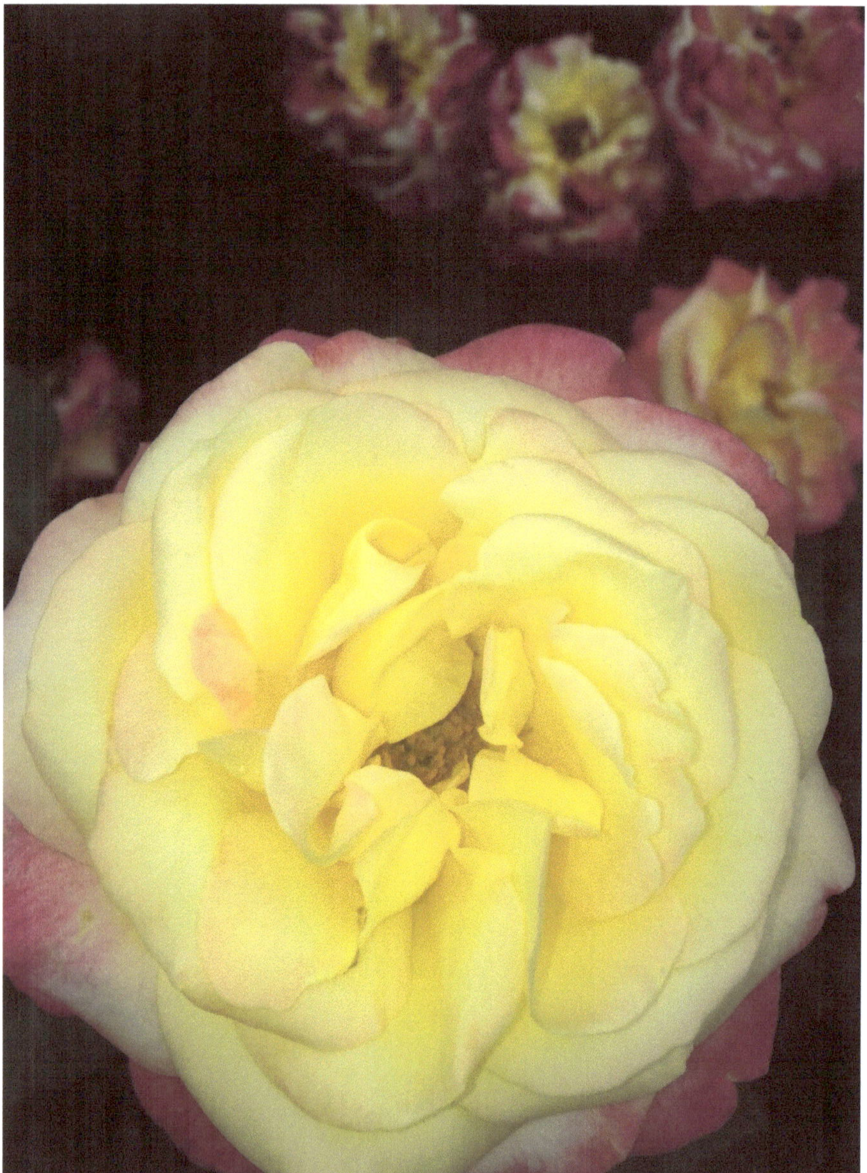

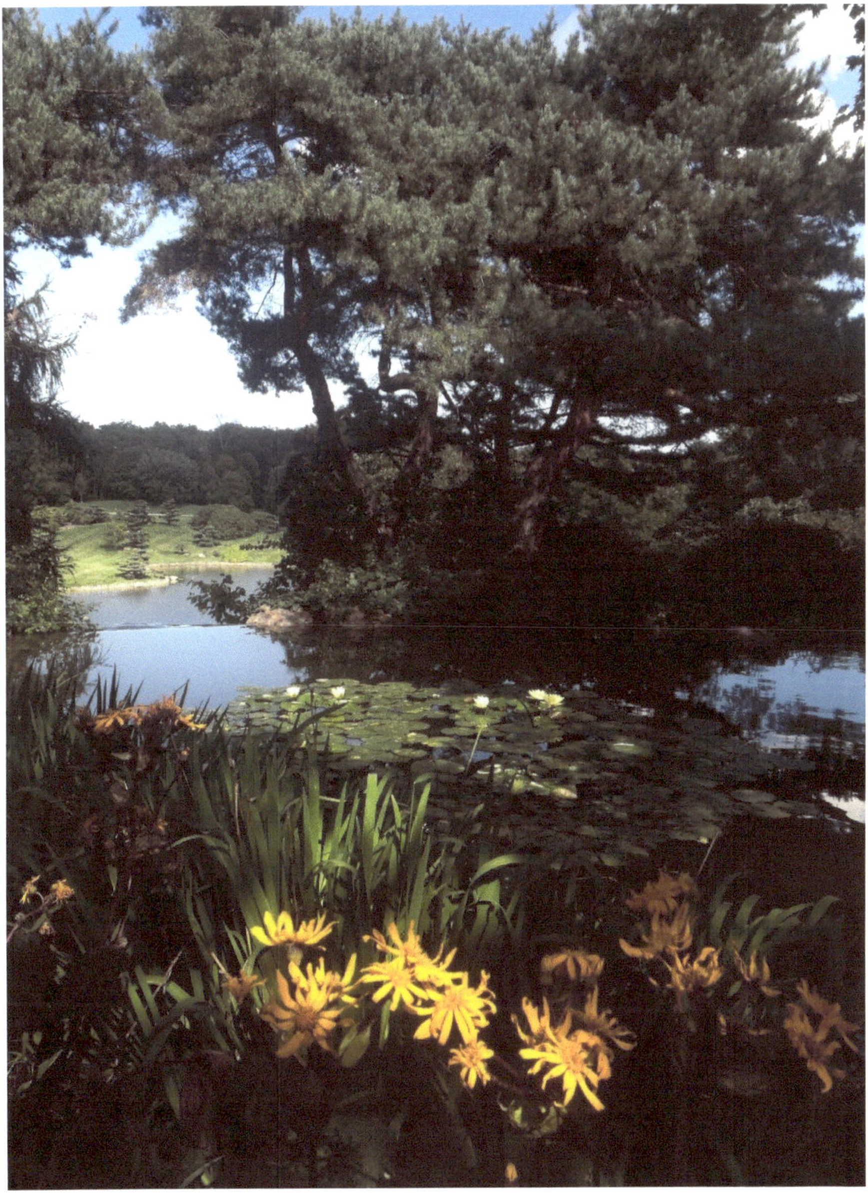

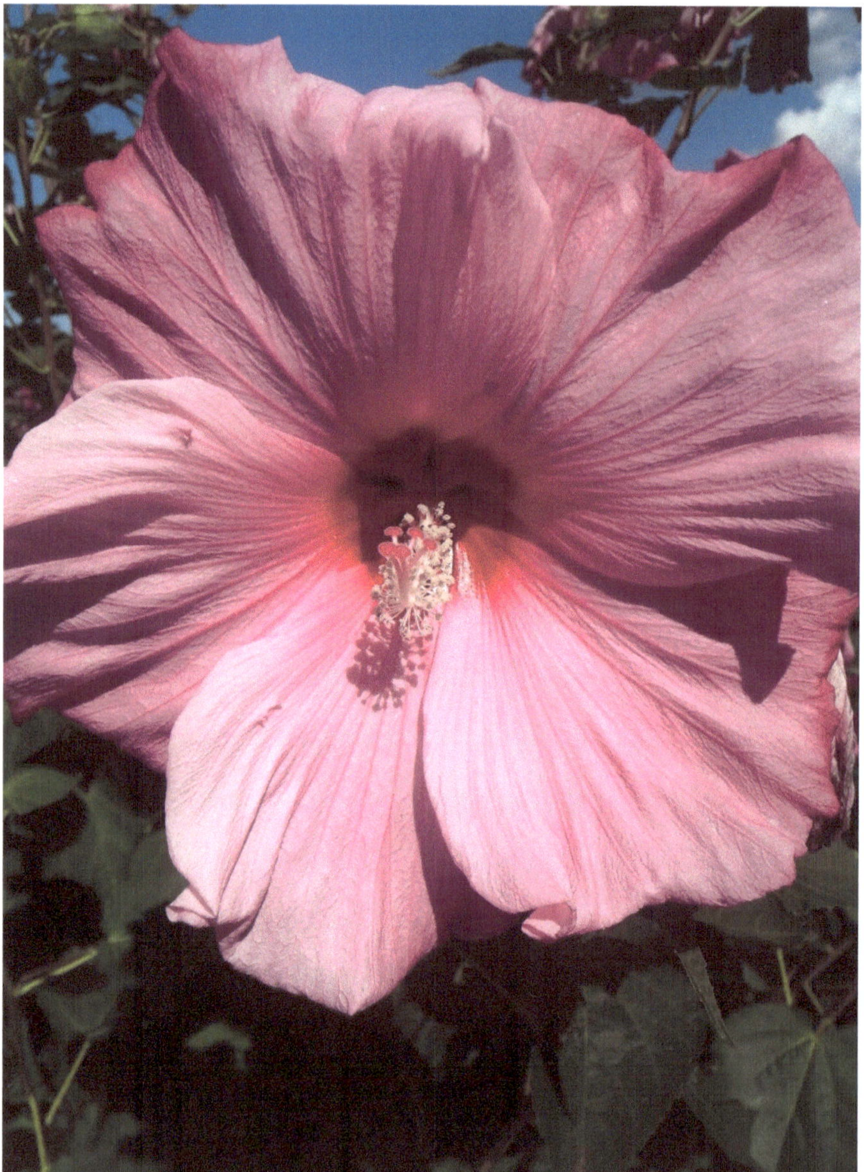

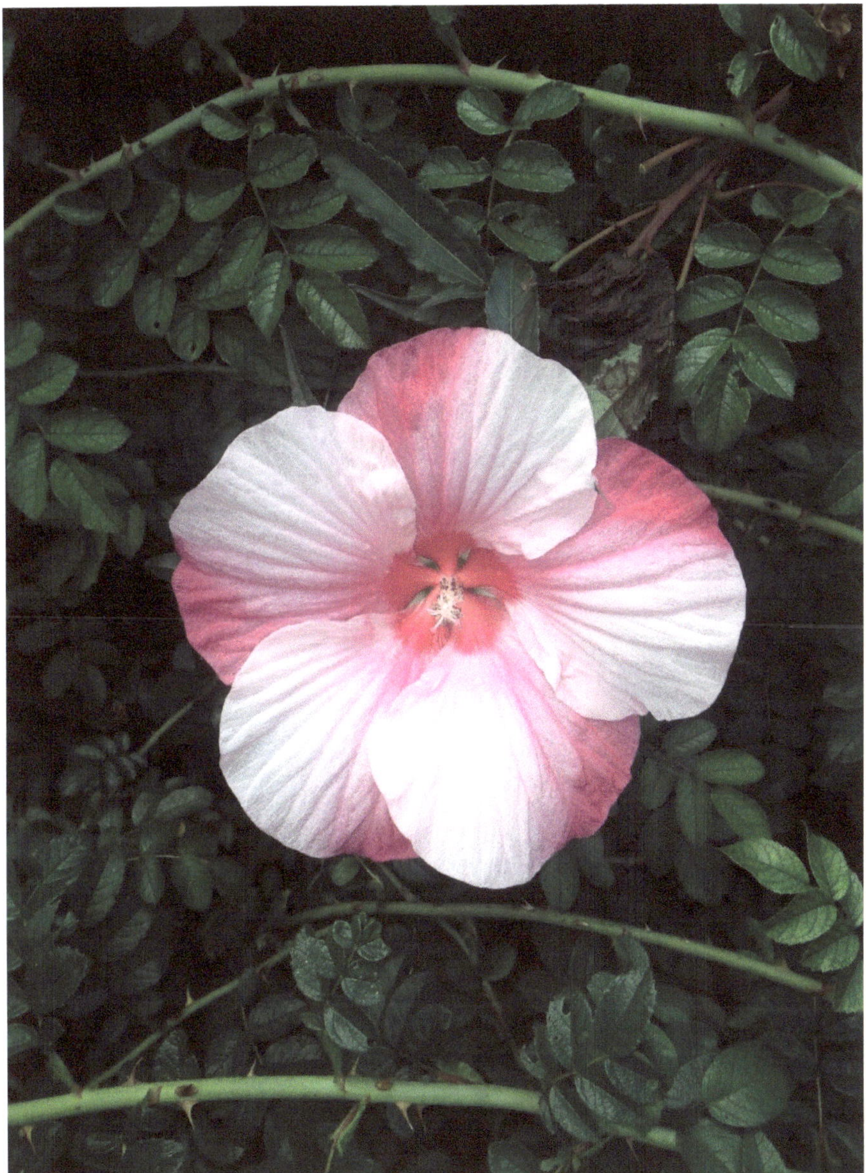

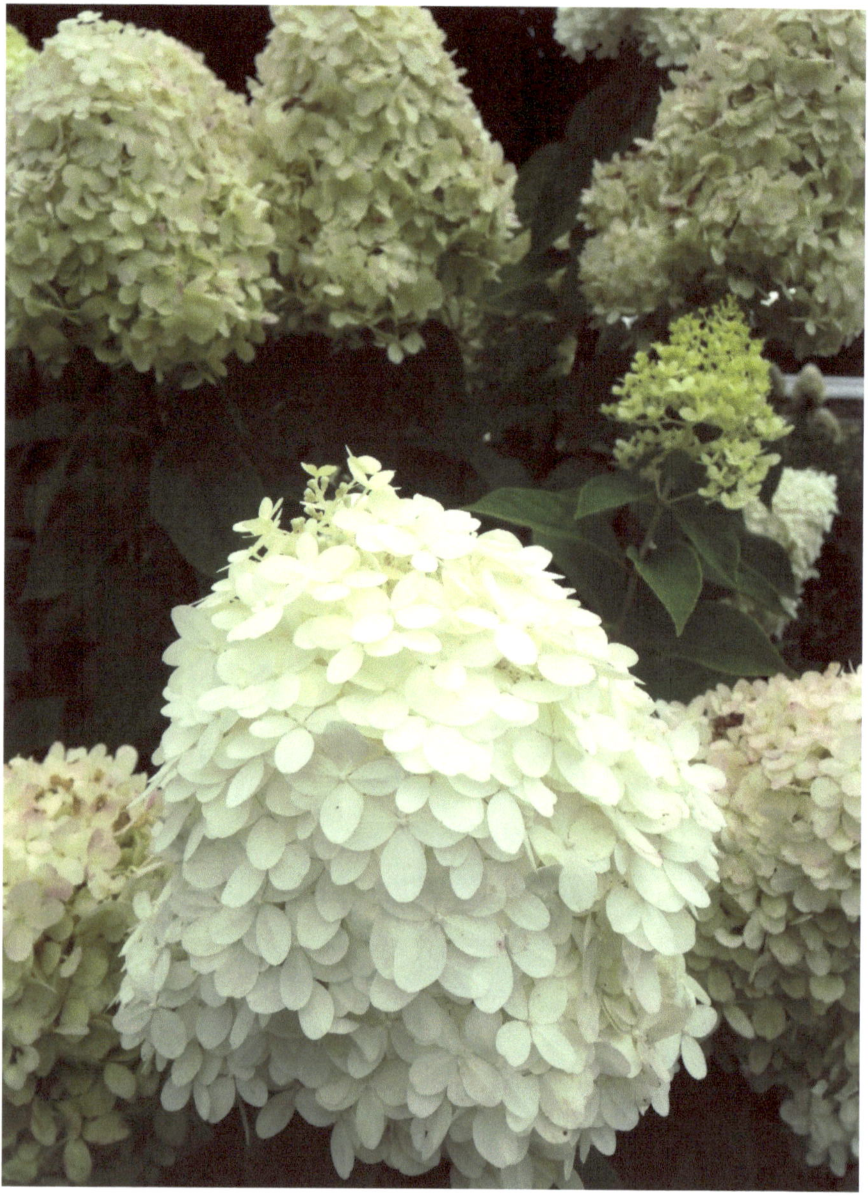

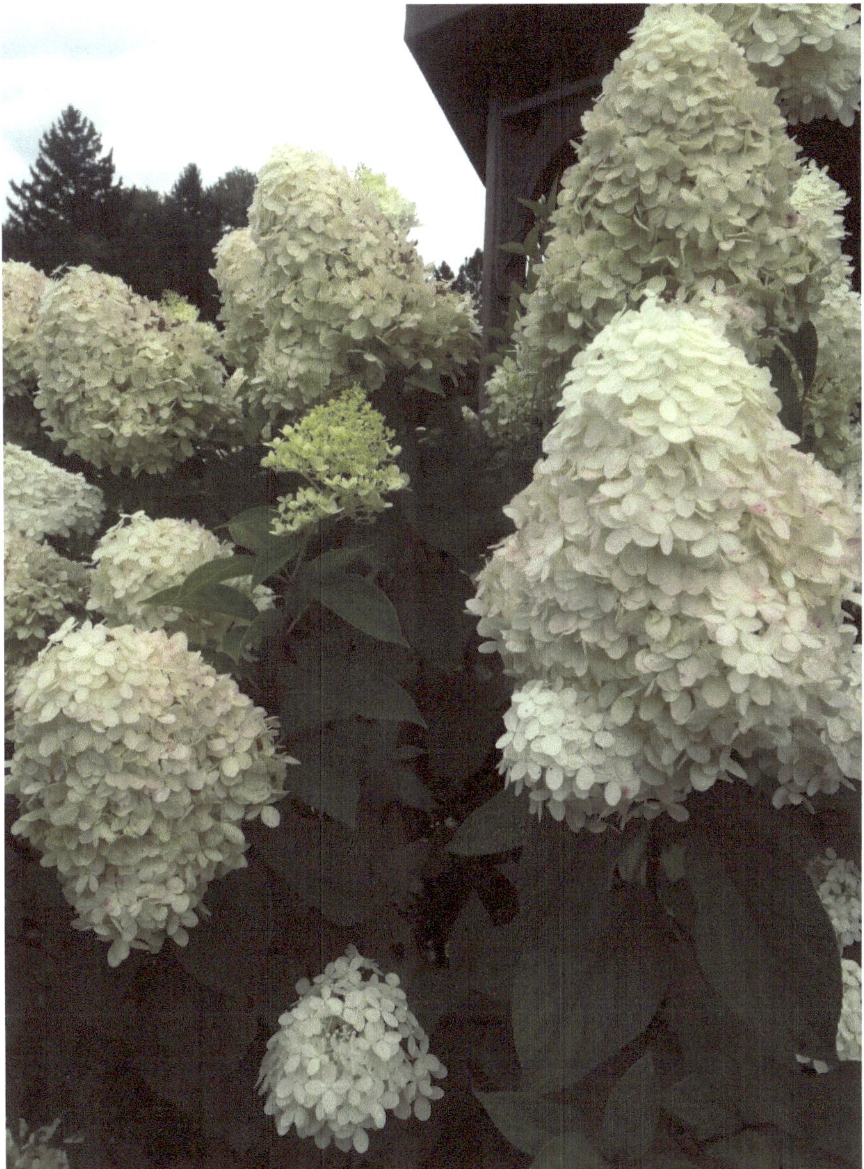

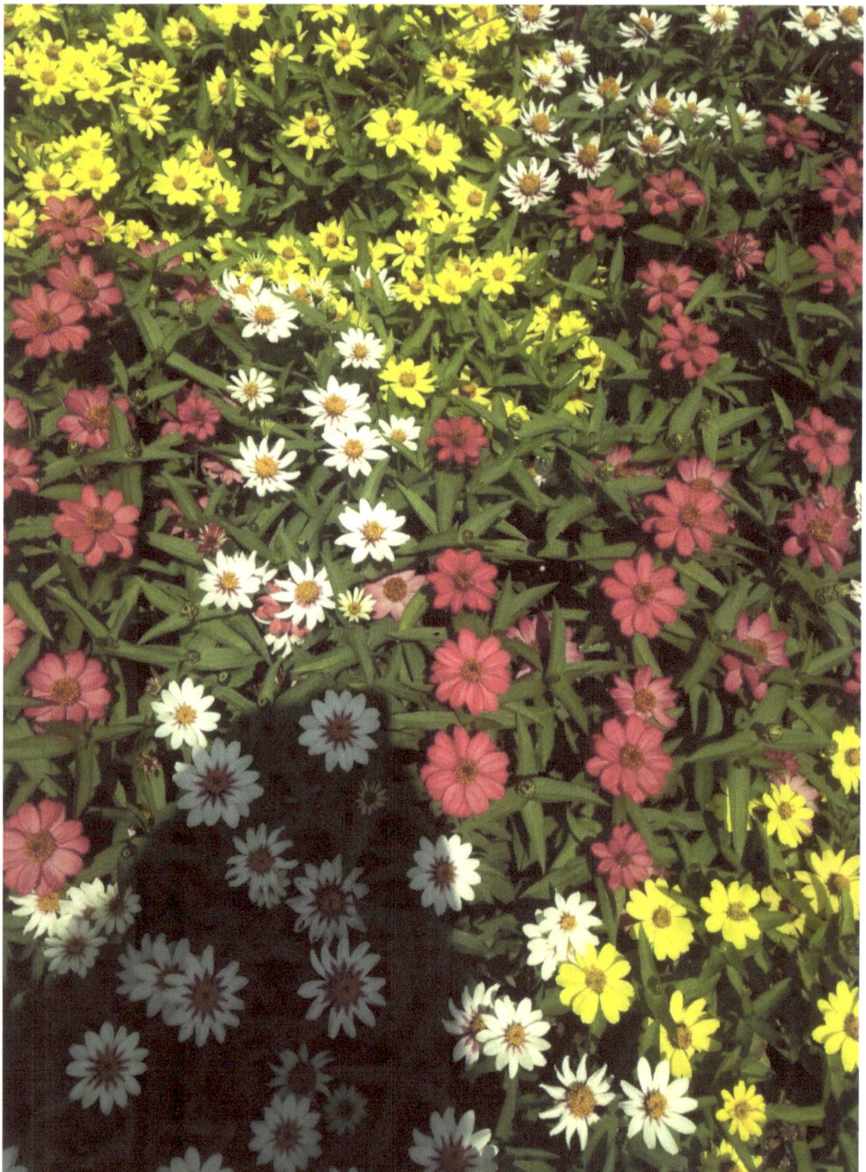

www.ingramcontent.com/pod-product-compliance
Lightning Source LLC
Chambersburg PA
CBHW050931290526
45792CB00002B/971
9781503117068